SUCCESSION

DE

Madame la Princesse WOLKONSKI

BELLE ARGENTERIE

Orfèvrerie Ancienne

OBJETS D'ART

ÉMAUX — PORCELAINES

TABLEAUX

IMPORTANT MOBILIER

Tapis anciens — Belles Fourrures.

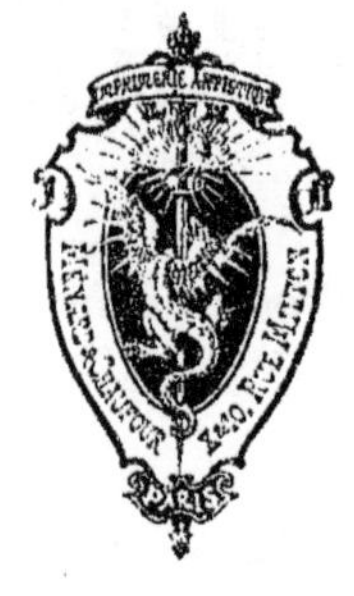

CATALOGUE

DE

BELLE ARGENTERIE

ORFÈVRERIE ANCIENNE

OBJETS D'ART

ÉMAUX - PORCELAINES

BRONZES D'ART ET D'AMEUBLEMENT

TABLEAUX ANCIENS

IMPORTANT MOBILIER

ANCIEN ET MODERNE

BAHUT RENAISSANCE — SALON EN TAPISSERIE D'AUBUSSON MODERNE

TAPIS ANCIENS — BELLES FOURRURES

dont la Vente aura lieu

Par suite du décès de MME la princesse WOLKONSKI

A Paris, Hôtel des Ventes, rue Drouot, 9

Salle n° 11

Les Lundi 26, Mardi 27, Mercredi 28 et jeudi 29 Mai 1902

A 2 HEURES

Me BOUDIN	M. R. BLÉE
COMMISSAIRE-PRISEUR	EXPERT
102, rue de Richelieu	*10, rue Mogador.*

EXPOSITION PUBLIQUE

Le Dimanche 25 Mai 1902, de 2 h. à 5 h. 1/2

CONDITIONS DE LA VENTE

La vente sera faite au comptant.

Les acquéreurs paieront *dix pour cent* en sus des prix d'adjudication.

L'exposition mettant le public à même de se rendre compte de l'état des objets, il ne sera admis aucune réclamation une fois l'adjudication prononcée.

Paris Imprimerie Ménard et Chaufour, 8-10, rue Milton.

DÉSIGNATION

TABLEAUX

ÉCOLE ALLEMANDE
DENNER (Balthasar)

1 — *Portrait d'homme.*

Haut. : 0ᵐ43 ; Larg. : 0ᵐ34.

?

2 — *Salomé.*

Panneau marqueté. Haut. : 0ᵐ56 ; Larg. : 0ᵐ39.

ÉCOLE FLAMANDE
TÉNIERS

3 — *Le Fumeur.*

Toile. Haut. : 0ᵐ25 ; Laag. : 0ᵐ32.

?

4 — *Portrait d'homme.*

5 — *Marine.*

> Panneau. Haut : 0^m2o5 ; Larg. : 0^m27.
> Cadre en bois sculpté.

SCHUZ

6 — *Petit paysage animé.*

> Panneau. Haut. : 0^m12 ; Larg. : 0^m165.

?

7 — *Scène de cabaret.*

> Panneau. Haut. : 0^m26 ; Larg. : 0^m225

8 — *La Leçon de dessin.*

> Panneau. Haut. : 0^m23 ; Larg. : 0^m18.

9 — *L'Incendie au village.*

> Toile. Haut. : 0^m245 ; Larg. : 0^m325.

ÉCOLE HOLLANDAISE
MOLENAAR (Jean)

10 — *La Danse au cabaret.*

> Panneau. Haut. : 0^m225 ; Lerg. : 0^m17.

RUISDAEL (JACQUES) (?)

11 — *Paysage.*

> Panneau. Haut. : 0ᵐ47 ; Larg. : 0ᵐ395.
> Monograme en bas à gauche.

?

12 — *La Lavandière.*

> Toile. Haut. : 0ᵐ30 ; Larg. : 0ᵐ41.

REMBRANDT (Ecole de)

12 *bis* — *Portrait d'homme.*

> Haut. : 0ᵐ61 ; Larg. : 0ᵐ465

?

CORNER (V.)

13 — *Paysage animé de figures.*

> Panneau. Haut. : 0ᵐ20 ; Larg. : 0ᵐ15.

ECOLE RUSSE (?)

14 — *Paysage animé.*

TABLEAUX DIVERS

15 — Sous ce numéro six tableaux des Ecoles espagnole, flamande et hollandaise (sera divisé).

OBJETS D'ART

16 — Baiser de paix formé d'une plaque d'argent repoussé placé dans un cadre en ébène orné de plaques de nacre et de perles en corail, ambre, etc. XVIIe siècle.

17 — Boîte en bois sculpté et laqué rouge de Chine, sujet à personnages et fleurs de pêcher.

18 — Poignard à lame triangulaire, la poignée en argent doré est formée d'une chimère luttant contre un serpent et surmontée d'une petite figurine d'enfant.

19 — Petite coupe en porcelaine, monture en vermeil.

20 — Couteau fermant en écaille cerclé d'or, Epoque Louis XVI.

21 — Deux couteaux dont un à lame en or
et l'autre à lame en acier, manches
en ébène cannelé, viroles et culots en or.
Epoque Louis XVI. Etui en galucha.

22 — Deux couteaux fermant dont un à
lame en or et l'autre à lame en acier, les
manches sont en nacre avec, au centre et
sur chaque face, une applique d'or gravé
à sujets champêtre d'un côté et chiffre
de l'autre. Epoque Louis XVI. Etui en
galucha.

23 — Petit étui en or avec applique de fili-
grane d'argent.

24 — Deux étuis de courrier en porcelaine,
monture en argent doré. xviiie siècle.

25 — Montre en argent offrant sur le boî-
tier diane surprise par Actéon. Travail au
repoussé. Epoque Louis XV.

26 — Montre en or émaillé : sujet allégo-
rique des Beaux-Arts. xviiie siècle.

27 — Petite chaîne et trois breloques en or.

28 — Petite boîte ronde en buis cerclé d'or.

29 — Crucifix en argent sur croix en ébène.

30 — Miroir à main, cadre en argent.

31 — Encrier carré en cristal garni d'argent.

32 — Glace de table, cadre argent.

33 — Deux flambeaux, tige balustre en malachite, montés d'argent.

ÉMAUX

34 — Plaque rectangulaire en émail de Limoges, représentant l'Adoration des Rois Mages, XVIᵉ siècle.

35 — Petit triptyque comprenant trois plaques en émail peint de Limoges, représentant : la partie centrale, l'Adoration
des Rois Mages et de chaque côté deux
évangélistes.

36 — Autre petit tryptique en émail peint
de Limoges, la monture est en bois et
forme bénitier.

37 — Bénitier en émail peint de Limoges.

38 — Grande plaque rectangulaire en émail
peint de Limoges, représentant la Vierge,
au revers le monogramme de Jean
REYMOND (J. R.).

39 — Plaque ovale en émail peint de Limo-
ges représentant la Vierge et l'Enfant
Jésus au revers le monogramme de Jean
REYMOND (J. R., émailleur).

40 — Autre grande plaque ovale en émail
peint de Limoges, représentant l'Annonciation, au revers la signature « LAU-

DIN, émailleur à Limoges » et le mono
gramme I. L., ce dernier se trouve aussi
placé sous la figure de la Vierge. Signature de Jacques II LAUDIN.

40 *bis* — Plaque ovale en émail peint de Limoges représentant Ste-Anne et la Vierge,
au revers le monogramme de Suzanne
de COURT (S. C. Au-dessous se trouve
la lettre « B. Limoges ».

41 — Plaque rectangulaire en émail peint
de Limoges. représentant saint Jean-Bap-
tiste assis sur un tertre près d'une riviè-
re, à ses pieds un mouton ; au revers la
signature: « NOUAILHER, jeune ».

42 — Trois plaques rectangulaires en émail
peint représentant : sainte Catherine,
saint François-Xavier et l'Annonciation.

43 — Deux petites plaques ovales en émail
peint de Limoges en grisaille sur fond
noir semée d'étoiles d'or représentant
l'une Vénus et Apollon, l'autre Amphitrite.

44 — Plaque rectangulaire en émail peint de Limoges, représentant le portrait de Philippe d'Espagne.

45 — Petite coupe lobé en émail peint de Limoges à fleurs, le fond est occupé par une figure couchée d'Amphitrite.

BRONZES, PORCELAINES

46 — Deux brûle-parfums en porcelaine bleue dit de Sèvres, la monture est en bronze ciselé et doré à têtes de bélier et guirlandes de fleurs. Style Louis XVI.

47 — Deux grandes lampes en céladon craquelé de la Chine, montées en bronze à patine brune.

48 — Jardinière et deux vases en céladon craquelé de la Chine, monture en bronze, patine brune.

49 — Plat en céladon craquelé de la Chine, monté sur un pied en bois sculpté.

5o — Suspension jardinière céladon craquelé de la Chine, montée en bronze à patine brune.

5ı — Vase en porcelaine de Chine décor bleu à lambrequins.

52 — Aiguière et son plat en porcelaine de Dresden.

53 — Deux grandes lampes formées chacune d'un grand vase à décor de fleurs et ustensiles en porcelaine de Chine, monture et base en bronze ciselé et doré. Style Louis XVI.

54 — Suspension d'éclairage en porcelaine flambée rouge haricot, montée en bronze doré.

55 — Deux vases en porcelaine flambée rouge haricot, monture et base en bronze ciselé et doré (dépareillés).

56 — Grande lampe formée d'un vase en porcelaine rouge haricot monté en bronze ciselé et doré.

57 — Autre lampe en porcelaine flambée rouge haricot, monture en bronze doré.

58 — Suspension jardinière en cloisonné de la Chine.

59 — Petite pendule de table en cuivre gravé et découpé de style russe.

60 — Grands et beaux chenets en bronze ciselés et dorés de style Louis XIV.

61 — Six paires de flambeaux, tiges balustres en bronze ciselé et doré (sera divisé).

62 — Petit bougeoir-liseuse à deux branches et à abat-jour, base en marbre blanc et bronze doré. Style Louis XVI.

63 — Pendule de voyage forme carrée en bronze doré.

64 — Ecran formé d'une plaque en cloisonné de la Chine montée en bronze.

65 — Deux brûle parfums en forme d'oiseaux
en émail cloisonné de la Chine.

66 — Petit plateau et deux petits vases en
émail cloisonné de la Chine.

67 — Quatre petites coupes en pierres dures :
agathe, cornaline, jaspe vert.

68 — Très important et beau lustre en
bronze doré de style Régence à cariatides,
écussons et couronnes de princes.

69 — Trente-trois tasses et soucoupes en
porcelaine de Saxe, décor d'oiseaux et
de paysages.

70 — Huit assiettes en porcelaine, décor de
fleurs.

71 — Huit assiettes en cristal, décor au
fixé.

72 — Petite coupe forme nacelle en porcelaine truitée vert de la Chine. Petit vase
surbaissé en porcelaine flambée rouge
haricot de la Chine. Trois petits vases
en porcelaine de Chine. Trois coupes en
terre émaillée de la Chine, ou en terre lus-
trée de Turquie et en-grès. (Sera divisé).

OBJETS EN OR

73 — Petit nécessaire à coudre, monté en
or. Etui en ivoire.

74 — Flacon à odeur en cristal blanc monté
d'or.

75 — Flacon à odeur en cristal rouge monté
d'or.

76 — Porte-carte, porte-cigarette, porte-
monnaie en chagrin vert écrasé, monture
en or ornée de petits rubis et de roses.

77 — Petit porte-crayon en or.

VERMEIL

78 — Verre niellé. Travail russe.

79 — Sonnette de table. Travail russe.

140 gr.

80 — Deux gobelets gravés. Travail russe.

81 — Boîte et son couvercle gravés. XVIIIe siècle.

160 gr.

82 — Gobelet gravé sur pied. XVIIe siècle.

215 gr.

83 — Vide-poche sur trois pieds à tête d'animal fantastique.

220 gr.

84 — Coffret rectangulaire à couvercle ciselé à jour, sur pieds formés de serres d'aigles; les coins sont ornés de quatre cariatides,

sur le couvercle est représentée une scène de cabaret. Travail flamand. xviie siècle.

350 gr.

85 — Coquetier double en forme d'œuf.

80gr.

86 — Petite tasse basse. Travail russe. xviie siècle.

60 gr.

87 — Petite tasse sur pieds niellée.

50 gr.

88 — Plat rond d'époque Empire.

140 gr.

89 — Couvert et couteau, manches en vermeil niellé. Travail russe.

100 gr.

90 — Six petites timbales à liqueur.

160 gr.

91 — Douze cuillers à café d'époque Empire français.

190 gr.

92 — Plateau gravé et niellé.

760 gr.

93 — Service de voyage comprenant :
Timbale à double fond ; couvert ; deux cuillers à café et un couteau en vermeil.
Un couvert argent. Ecrin.

460 gr.

94 — Couvert composé de trois pièces à manches en cristal de roche, à viroles en argent émaillé. Travail russe. XVIIe siècle.

95 — Douze couverts et douze couteaux en vermeil russe orné et gravé.

96 — Deux brosses à peigne monture gravée.

97 — Petite clochette.

98 — Etui rond en vermeil russe niellé surmonté d'une petite figurine de singe tenant un petit bougeoir porte-allumettes.

99 — Flacon double en cristal avec bouchons
et garniture d'entrelacs en vermeil semé
de turquoises.

ORFÈVRERIE ANCIENNE

100 — Gobelet gravé. XVIIe siècle.

101 — Gobelet en argent, le fond est formé
d'une médaille. Allemagne. XVIIe siècle.

110 gr.

102 — Deux petites marmites vieux Paris.

190 gr.

103 — Boîte ronde à poudre avec couvercle.

415 gr.

104 — Autre petite boîte ronde V. P.

200 gr.

105 — Tasse et sa soucoupe. Epoque Empire.

350 gr.

106 — Deux flambeaux, tige balustre. Epoque
Louis XIV.

1.560 gr. les deux.

107 — Plateau d'encrier.

720 gr.

108 — Deux boîtes et leurs couvercles V. P.

340 gr.

109 — Deux petits flambeaux en forme de
une colonne cannelée.

V. P. 500 gr.

110 — Boîte ronde et son couvercle surmonté d'une pomme de pin.

V. P. 120 gr.

111 — Deux petits plateaux travail au repoussé. XVIe siècle.

170 gr.

112 — Trois petits plateaux, rond, ovale et
long de l'époque Empire.

230 gr.

113 — Plateau ovale à galerie sur pieds-dau-
phins.

250 gr.

114 — Plateau d'aiguière de l'époque Empire.

180 gr.

115 — Tasse à vin. XVIIIe siècle.

80 gr.

116 — Gobelet sur pied.

117 — Bassin sur pieds de lion.

430 gr.

118 — Bougeoir ciselé à perles. Epoque
Louis XVI.

240 gr.

119 — Bougeoir ciselé d'époque Empire.

200 gr.

120 — Petite aiguière ciselée. Epoque
Louis XVI.

110 gr.

121 — Boîte et son couvercle. XVIIIᵉ siècle.

.360 gr.

122 — Mouchette et son plateau. XVIIIᵉ siècle.

123 — Sucrier rond, les deux anses formées
de deux bustes d'anges ailés avec son plateau et son couvercle surmonté de cor-
nes d'abondance laurées.

540 gr.

124 — Saucière ciselée d'époque Empire.

660 gr.

125 — Légumier et son couvercle d'époque
Empire.

1,130 gr.

126 — Deux plats légumiers d'époque Empire.

1,360 gr.

127 — Grand. sucrier à deux anses formées
de têtes de satyres. Il est placé sur un tré-

pied à trois pieds en forme de griffes et à trois têtes d'aigles. Le couvercle est surmonté d'une petite couronne ronde de laurier.

850 gr.

128 — Deux timbales.

35 gr.

129 — Nécessaire de voyage pour homme, écrin en acajou, garniture en écaille, boîtes en cristal à couvercles d'argent.

130 — Cachet ciselé à petites têtes en relief, manches en lapis lazuli argenté.

131 — Cachet formé d'un chien debout habillé.

132 — Petit cadre ciselé à chevalet pour photographie. Style Louis XVI.

133 — Coupe-papier avec plaque émaillée.

ARGENTERIE FRANÇAISE

134 — Vàse Bourdaloue.

450 gr.

135 — Petit coffret, travail ajouré.

720 gr.

136 — Deux gobelets ou timbales.

210 gr.

137 — Petite sonnette de table.

110 gr.

138 — Veilleuse et sa verseuse.

500 gr.

139 — Broc de chez Tiffany.

140 — Petite cafetière turque.

60 gr.

141 — Plateau de style Louis XV.

235 gr.

142 — Aiguière et sa cuvette.

1,960 gr.

143 — Trois couvercles de boîtes (et les boîtes en cristal) ; une autre boîte en cristal garniture en argent.

140 gr.

144 — Petite boîte en forme de tonneau.

145 — Timbale droite.

140 gr.

146 — Sucrier en forme de poire sur un plateau.

340 gr.

147 — Gobelet sur pied.

160 gr.

148 — Deux porte-flacons et les deux flacons.

149 — Trois flacons en cristal montés en
argent.

150 — Deux petits plateaux vide-poche.

70 gr.

151 — Flambeau à godrons et perles.

300 gr.

152 — Deux petits flambeaux.

420 gr.

153 — Lampe à alcool.

200 gr.

154 — Tasse à vin dont l'anse est formée
d'un serpent.

80 gr.

155 — Petit plateau à deux anses, à godrons.

900 gr.

156 — Couvert à salade en corne, manches
en argent.

157 — Petit pot à crème.

240 gr.

158 — Onze cuillères à sel, deux couverts, une cuillère à sucre.

340 gr.

159 — Trois cuillères de table.

160 — Vingt-quatre cuillères à café.

620 gr.

161 — Beurrier en cristal avec son plateau et son couvercle en argent, le bouton du couvercle est formé d'une petite vache couchée.

350 gr.

162 — Deux couteaux à beurre, 1 cuillère à sucre, 2 pinces à sucre.

130 gr.

163 — Pot à crème, style anglais.

220 gr.

164 — Plat rond.

600 gr.

165 — Plateau support, travail au repoussé.

120 gr.

166 — Ecrin de voyage contenant : deux
boîtes, bouteille en cristal, verre en argent.

170 gr.

167 — Service à thé, comprenant :
Plateau.
Corbeille à pain.
Corbeille à biscuit.
Réchaud.
Passoir à thé.
Pince à sucre.
12 Cuillères.
Cafetière.
Théière.
Verseuse à eau.
Sucrier.
Pot à crème. Ensemble 2 kil. 100.
Le tout dans un écrin.

168 — Nécessaire de voyage, composé de :
Plateau rond.
Tasse et sa soucoupe.

Poëlon.

Flacon à sel et poivre.

Lampe à l'alcool.

2 Verseuses, 2 couvercles.

Petit pot et couvercle.

Pot à crême.

Boîte à thé. Ensemble 5 kil. 830.

Egoutoir, entonnoir, tasse à thé, 2 assiettes.

Ecrin en chêne.

169 — Pince et cuillère à sucre.

100 gr.

170 — Bougeoir formé d'un fer à cheval, d'un fouet et d'une selle.

171 — Poignée de canne forme béquille.

172 — Deux boucles de ceinture de style Louis XVI.

173 — Petite salière en forme de hibou.

ARGENTERIE RUSSE

174 — Deux petits bougeoirs.

360 gr.

175 — Petit seau porte-cure-dents.

176 — Loupe montée en argent.

177 — Glace à main montée en argent.

178 — Plat rond d'époque Empire.

179 — Deux plateaux d'époque Empire.

100 gr.

180 — Grande corbeille à pain.

980 gr.

181 — Sucrier et couvercle.

520 gr.

182 — Petite jardinière à deux poignées.

260 gr.

183 — Verre à liqueur en forme de tête
d'ours.

184 — Trois cuillères de table.

185 — Six cuillères à café (chiffrées).

186 — Trente-six cuillères à café.

840 gr.

187 — Grand plateau de soirée, commence-
ment du XIXe siècle.

3 kil. 840

188 — Théière, cafetière, sucrier, pot à
crème ciselés.

2 kil. 930

189 — Grand samovar avec l'armature.

3 kil. 650.

190 — Fume-cigare niellé.

191 — Sous ce numéro : menus objets, tels
que signet, étui, coupe, boîte, à timbre,
porte-plume, porte-mine, etc. (Sera divisé).

MÉTAL BLANC OU PLAQUÉ

192 — Ramasse-miettes et sa brosse.

193 — Plateau carré.

194 — Douze couverts de table et louche.

195 — Onze couteaux, un couvert.

196 — Plat ovale.

197 — Deux porte-allumettes, petits porteurs
d'eau.

198 — Petite boîte ronde.

199 — Grand plateau en bois, garniture et
poignées en métal.

MOBILIER

200 — Deux grandes glaces, cadres ajourés en bois sculpté à fleurs xviiie siècle.

201 — Grand meuble bahut à deux corps en noyer sculpté. Le corps du bas ouvrant à deux portes supporte le corps supérieur plus petit ouvrant aussi à deux portes. xvie siècle.

202 — Grand fauteuil sculpté. xviiie siècle hollandais.

203 — Quatre chaises à haut dossier sculpté. xviiie siècle hollandais.

204 — Table en noyer sculpté supportée par un pied à entre-jambes à colonnes torses. xvie siècle.

205 — Petite table en bois marqueté à fleurs. Travail hollandais. xviiie siècle.

206 — Petite commode marquetée. Travail analogue au précédent.

207 — Table à jeu marquetée. Travail analogue au précédent.

208 — Deux chaises marquetées. Travail analogue au précédent.

209 — Meuble de salon en bois sculpté et doré à armoiries, recouvert en tapisserie à fleurs sur fond rouge, composé d'un canapé, quatre fauteuils et quatre chaises.

210 — Deux tables à jeu bois doré.

211 — Trois petites chaises de salon en bois doré et canné.

212 — Ecran de foyer en bois sculpté et doré de style Louis XIV, panneau en soie brodée.

213 — Piano droit de PLEYEL.

214 — Toilette de coin en acajou à filets et moulures de cuivre, dessus en marbre blanc avec glace duchesse.

2I5 — Petite table à ouvrage en acajou et
filets de cuivre.

2I6 — Table-bureau à deux tiroirs en acajou
à filets et galerie de cuivre.

2I7 — Petite table à ouvrage, les deux côtés
sont en forme de lyre à moulures de cuivre.

2I8 — Autre table à ouvrage analogue à la
précédente.

2I9 — Fauteuil de bureau en acajou sculpté
et canné de style Louis XVI.

220 — Quatre chaises en acajou à filets de
cuivre d'époque Louis XVI.

22I — Deux supports ronds avec tablettes et
dessus de marbre blanc à baguettes et
galeries de cuivre.

222 — Ecran en acajou et moulure de cuivre

223 — Glace de table à trois faces montée en
acajou.

224 — Grand lit à baldaquin supporté par quatre colonnes torses en chêne sculpté. Le fond du lit est orné par un grand panneau en bois sculpté.
Sommier et literie.

225 — Table de nuit à volets en chêne sculpté.

226 — Grand fauteuil à bras en chêne sculpté recouvert de reps.

227 — Deux autres fauteuils en chêne sculpté recouvert de reps.

228 — Chaise longue en chêne sculpté recouvert de reps.

229 — Deux tabourets de pieds en chêne sculpté.

230 — Grande psyché à cadre en chêne sculpté, les supports sont composés de colonnes torses se posant sur des pilastres sculptés.

231 — Deux pelotes à épingles sur deux
grands pieds en chêne sculpté.

232 — Table ronde en mosaïque de Florence
reposant sur un pied en chêne sculpté.

233 — Petit bureau de dame à abattant en
acajou, moulures de cuivre, le panneau
de la face est décoré dans le genre vernis
Martin.

234 — Table gigogne en bois laqué.

235 — Trois chaises légères en bois doré et
canné.

236 — Commode en acajou et cuivre
Louis XVI.

237 — Trois consoles en noyer sculpté avec
dessus en marbre rouge et galerie de
cuivre de style Louis XVI. (Sera divisé)

238 — Canapé, trois fauteuils, deux chaises
en bois noir apparent recouvert d'étoffe
brodée de style persan.

239 — Une chaise-longue de même style.

240 — Deux grands fauteuils anglais recouverts d'étoffe brodée de style persan.

241 — Deux tables anglaises en palissandre verni, recouvertes de drap vert. (Sera divisé.)

242 — Six chaises en ébène marqueté d'ivoire. Travail italien dans le goût du xvie siècle.

243 — Table gigogne en ébène marqueté d'ivoire dans le goût italien du xvie siècle.

244. — Quatre banquettes en chêne recouvertes en moleskine

245 — Canapé, chaise-longue et trois fauteuils recouverts d'étoffe persane.

GLACES

246 — Glace de Venise à pans coupés.

247 — Petit lustre en cristal taillé.

248 — Coffret en ébène marqueté, les ornements, ainsi que les coins et les pieds, sont en bronze ciselé et doré. Sur le couvercle se trouve une plaque de porcelaine décorée, sujet : Enlévement d'Europe.

249 — Cinq coffrets ou boîtes en acajou, chêne, etc. (Sera divisé.)

250 — Sous ce numéro, différents meubles ou sièges. (Sera divisé.)

CHEMINÉES

251 — Grande et belle cheminée en marbre blanc, ornements et cariatides en bronze doré. Style Louis XV.

252 — Cheminée en marbre rouge à pilastres.

253 — Grande cheminée en chêne sculpté à pilastres de style Renaissance.

254 — Autre grande cheminée en chêne sculpté à consoles et colonnes torses.

TENTURES ET ÉTOFFES

255 — Quantité de tentures ou de rideaux en étoffe brodée, karamanie, etc. (sera divisé).

256 — Tentures murales de chambre de cabinet de toilette, etc. (sera divisé).

257 — Quantité de coussins pour canapé, chaise-longue ou sièges en soie ou velours brodé (sera divisé).

258 — Dessus de piano. Châle des Indes on étoffes diverses brodées ou appliquées (sera divisé).

TAPIS

259 — Grand et beau tapis persan décor et bordure à animaux.

260 — Tapis d'Orient (22 pièces diverses) (sera divisé).

261 — Grand tapis de Smyrne.

262 — Tapis moquette ou carpette pour être cloués (sera divisé).

VAISSELLE ET VERRERIE

263 — Sous ce numéro seront vendus : les tasses et les soucoupes, vaisselle diverses et les objets en terre. La verrerie de table objets de toilette (sera divisé).

OBJETS DIVERS

264 — Sous ce numéro : grande quantité de menus objets ou de petits ustensiles de ménage tels que : porte-livre, jumelles, plateaux, écritoires, appareil de gymnastyque, timbre, flacons, coupe-papier, brosses, gobelets, jeux divers, encrier, coffret ou boîtes en bois divers ou laque, étagère, pare-étincelle, lampe de travail, sac de voyage. chevalets, samovars, cadres papeterie, porte-montre, boites à allumettes, porte-cigare, éventails, etc., etc. (sera divisé).

FOURRURES ET GARDE-ROBE

265 — Pelisse de femme en drap noir dou-
blée de fourrure.

266 — Jaquette en drap soutaché.

267 — Trois bandes en castor de Sibérie.

268 — Garniture de vêtement en astrakan.

269 — Belle jaquette en astrakan.

270 — Manchon et tour de cou en astrakan.

271 — Sortie de bal en velours vert garnie
de bandes en renard bleu.

272 — Grand manteau en velours noir dou-
blé d'hermine.

273 — Grande couverture de voyage en ours
brun.

274 — Manchon et boa en chat sauvage.

275 — Manchon et tour de cou en hermine.

276 — Manchon en astrakan.

277 — Manchon en vizon loutre.

278 — Sous ce numéro : morceaux de fourrures, manchon et garniture dépareillée
(Sera divisé).

279 — Grande et belle caisse pour la con-
servation des fourrures.

280 — Sous ce numéro : meubles et objets
divers omis au présent catalogue.

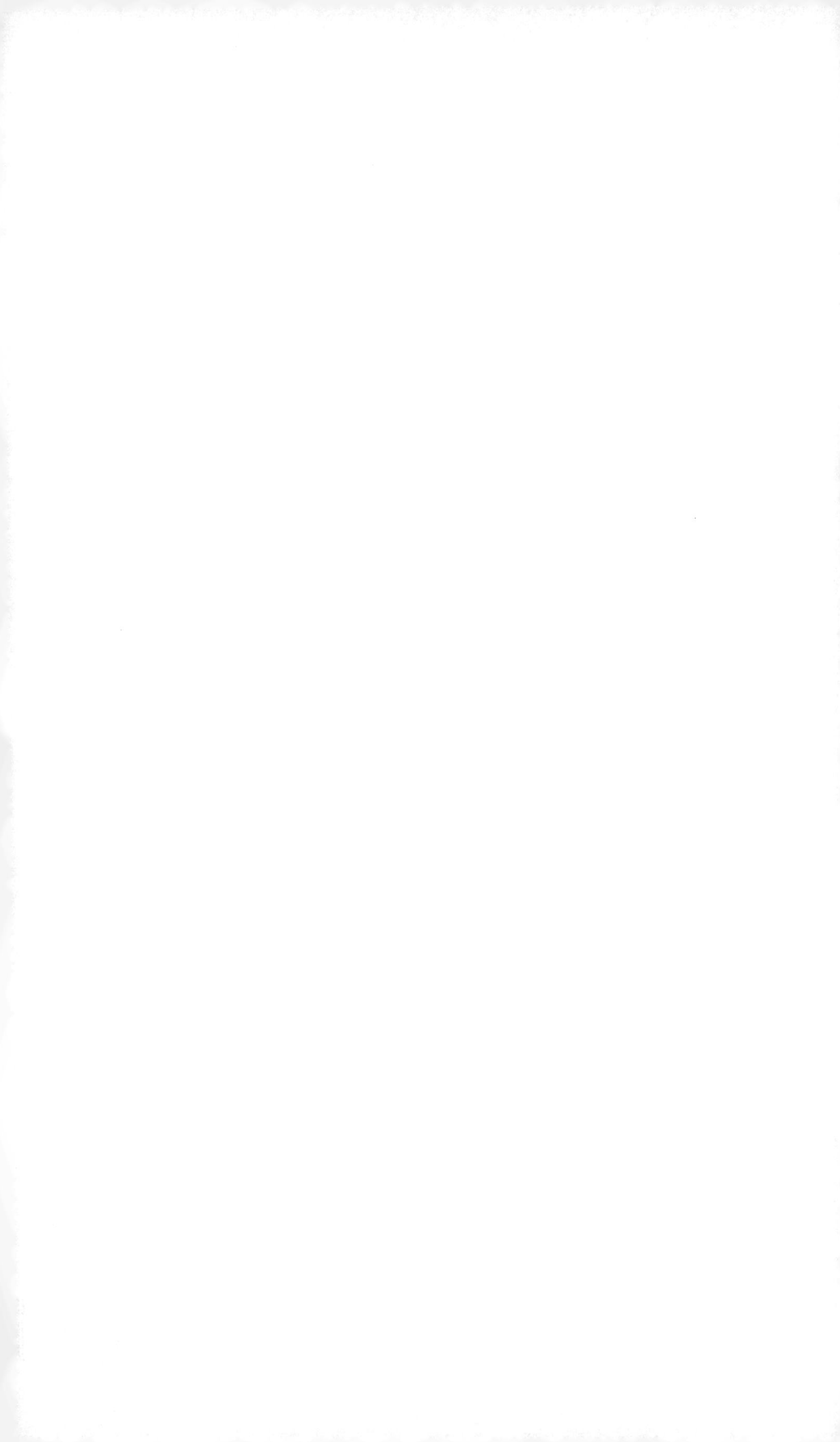